Abrazos

Portada/Cover: "Pass" Ana Michelle Godeck
Diseño/Design: Michael Godeck

2017©Rebecca Padilla
chiringapress@gmail.com

ISBN 978-1-61012-0395

Abrazos

Rebecca Padilla

Ana María González
Editor/Editora

Chiringa Press
Seguin, Texas 2017

Abrazos

As a woman that has endured her own anguish and abuse, and found healing through a relationship with Christ Jesus, I share these stories inspired by women that have also endured hardships and suffering. I know I am not perfect or righteous on my own standing, but in and through Christ, I have been privileged to open my arms, un abrazo, with His love, to these women, whom in turn opened their hearts to me. I aspire to be their voice in the hope that as you read their stories, you too will open yourself up to them with compassion and mercy, extending a hand, possibly un abrazo de amor.

Content/Contenido

Who Am I? - ¿Quién soy?
- Mestiza 13
- Mestiza 15
- Whole and New 17
- Renovada 19

Why Are They Coming? - ¿Por qué vienen?
- My Only Choice 23
- Sin opciones 25
- Quest 27
- Búsqueda 29

Crossing - Su travesía
- The Desert 33
- Desierto 35
- The Beast 37
- La Bestia 39
- River 41
- Río 43

Caught - Atrapados
- ICE 47
- La hielera 49

The Enterview 51
La enter-vista 55
Their Stories - Sus historias
    Hope 61
    Esperanza 63
    Haunted 65
    Perseguida 67
    Crossroads 69
    Encrucijada 71
    Funeral 73
    Funeral 75
    Soup 77
    Caldo 79
    Empty 81
    Hueco 85
    True Colors 89
    Caras vemos 91
    Little Gifts 93
    Regalitos 95
    Deported 97
    Deportada 99
    Walls 101
    Muros 105
    Blame 109
    Culpa 111

Emerged - Emergida
- Chosen..115
- Elegida..117

- Acknowledgements....................................121
- Agradecimientos..121

Who Am I?

¿Quién soy?

Mestiza

I am Mexican.
I am American.
I am neither yet both.
I am a mestiza.
A mixture.
And yet a making of my own.
Shunned by both
for who I am,
for the space I have created.
Carne guisada, mashed potatoes, and corn
are my comida,
my food, a mezcla
from both worlds.
I stand united
yet torn,
because I am neither
Yet both.

Mestiza

Soy mexicana.
Soy estadounidense.
Y a la vez ninguna soy.
Soy mestiza.
Una mezcla.
Y sin embargo,
mi propia fabricación.
Rechazada por ambos lados,
por ser quien soy,
por el espacio que he creado.
Carne guisada, puré de papas y maíz
son mi comida.
Mi comida es la mezcla
de ambos mundos.
Estoy unida, es verdad,
y a la vez, separada
en lo profundo.

Whole and New

Painful memories, crushing, squeezing,
shattered dreams thought long forgotten.
Innocence and purity, pilfered by a thief.
Made to feel humiliated, beaten, downtrodden.
How dare he take what was once mine,
my virtue, to gift to him, the man I chose.
Tears, hot and pouring, like a raging torrent.
A victim you once were, but no more.
Little girl of my past,
the fault lies not with you,
Stand tall and proud, for whole you are,
New! Fresh! Restored!
By your one true love,
He who was broken,
and hung on a cross,
to now reside in that new heart,
with dreams birthing, visions unfolding,
created for you to impart.

Renovada

Dolor de recuerdos, aplastando, apretando,
sueños destrozados, pensamiento olvidado hace tiempo.
Inocencia y pureza arrancadas por un ladrón con sus mentiras.
Hecha para sentirse humillada, golpeada, oprimida.
¿Cómo se atrevió a tomar lo que alguna vez fue mío?
Mi virtud, para regalarle, al hombre que consideraba divino.
Lágrimas, ardientes y derramadas, como un torrente furioso.
Una víctima que alguna vez fuiste, pero no más.
Niña de mi pasado,
la culpa no es tuya.
Levántate, alta, orgullosa y entera,
porque la vida te espera.
¡Nueva! ¡Fresca! ¡Restaurada!
Por tu único amor verdadero,
el que estaba roto, esperando,
colgado en una cruz,
para residir en tu corazón restaurado,
lleno de sueños nuevos, de visiones desplegadas,
y creado para que lo compartas.

Abrazos

Why Are They Coming?

¿Por qué vienen?

Abrazos

My Only Choice

Will you lend an ear to my cry of pain?
allow me to stand, with no hint of shame?
Will you open your eyes to my credible fear,
empathetic to my sufferings, griefs so severe?
My only offense was to run from the bloodshed,
iniquity, and wickedness that has left many dead.
Upheaval and mayhem, now rulers of my birthplace,
Exploding, destroying, an impending earthquake.
Paucity and adversity, assassins to countless.
Cartels, gangs, creators of raging violence,
crushing all who defy their instructions.
Police corruption leading to total law disruption,
civil wars and armed conflicts now becoming the norm.
Social inequality extreme between the wealthy and poor,
terrorism, rape, abduction and drug trafficking,
these are the atrocities we are forced to endure.
Thus, our children's safety, how do we ensure?
All I ask, with your aid, is to be their pious steward,
As they are a gift from the Lord, a gracious reward.

Sin opciones

¿Prestarán oídos a mi clamor de dolor?
¿Podré estar delante de ustedes sin acusación?
¿Abrirán los ojos a mi creíble temor?
¿Entenderán mis sufrimientos y mi impacable dolor?
Mi único delito fue escapar de una carnicería,
en mi lucha de salvar a mis dos pequeñas hijas.
Anarquía y caos, bajo los jefes de mi ciudad natal,
explotando, destruyendo, un terremoto inestable.
Innumerables asesinatos por escasez y adversidad.
Los carteles, las pandillas, creadores de violencia y maldad,
dominando duramente a todos los que sus órdenes desafían.
La falta de ley por culpa de la corrupción de la policía;
guerras civiles y conflictos armados convertidos en rutina,
mientras entre ricos y pobres una mayor desigualdad.
Terrorismo, violación, secuestro y tráfico de drogas,
son todas atrocidades que tenemos que soportar.
Así, la seguridad de nuestros niños,
¿cómo podemos garantizar?
Ellos, una recompensa de gracia, un regalo del Señor,
Por ellos pido su ayuda y solo por ellos aquí estoy,
para cuidarlos como el gran tesoro de mi vida que son.

Quest

Treated like a beast, without a hint of dignity,
by a stepmother that beat me as she pleased.
Then tied to a man that used me to fetch and carry,
making me feel like a chamber pot,
every time I had to meet his needs.
This was the routine, day after day, torture I endured,
certainly not what I wanted or expected, rest assured;
this heinous life was imposed upon me by fate.
As I wrestle to break free of these shackles,
I challenge you to put yourself in my place.
Walk in these shoes and travel this road,
the pitfalls and snares my life has taken.
See through my eyes, feel your heart break
from terrifying events that leave you shaken.
Experience the helplessness to feed your household,
knowing their bellies ache from a growling hunger.
Lock up your babies within the walls of your home,
fearful of their demise, if allowed to play outside.
Live in fear of torture and death for being a witness,
to hideous crimes committed right at your doorstep.
Suffer the loss of loved ones painfully left behind,
 in your pursuit to give your children a better life.
Let go the ability you generously received,

to walk the streets easily, unafraid, in peace.
Give up the freedom that those before you,
dared to cross an ocean to come and seek.
Your forefathers came to this beautiful land,
yearning liberty, prosperity, a religious path.
not a thought to the countless that would die,
losing their homes, their heritage, their tribes,
all in the name of justice, equality, and rights.
We don't differ in our ambitions, or in our intentions,
thus why is your opinion of me so angry and suspicious?
Dare to walk in my shoes, dare to see through my eyes,
Dare to blame me, then, dare to say a criminal am I.

Abrazos

Búsqueda

Tratada como una bestia, sin un toque de dignidad,
por una madrastra que me golpeaba a su antojo.
Luego atada a un hombre que me usó como su propiedad,
haciéndome sentir como sus calcetines,
cada vez que tenía que me tomaba hasta la saciedad.
Esta era la rutina, día tras día, la tortura que soporté,
de ninguna manera lo que yo esperaba o acaso imaginé,
una horrible vida me fue impuesta por el destino.
Mientras lucho para liberarme de estos grilletes,
te desafío a ponerte en mi lugar, para saber lo que se siente.
Caminar en estos zapatos y viajar por este camino,
las serpientes y trampas donde mi vida ha estado.
Ve a través de mis ojos, siente tu corazón romperse
por acontecimientos aterradores que te hacen temblar.
Experimente la impotencia de proteger el hogar,
sabiendo que los vientres duelen de un hambre que gruñe.
Encierra a tus hijos dentro de las paredes contra la maldad,
temerosos de su desaparición, si se les permite afuera jugar.
Vive en el temor de la tortura y la muerte por ser un testigo,
de los horribles crímenes cometidos justo en su puerta.
Sufre la pérdida de seres queridos dolorosamente dejados atrás,
en tu búsqueda para poder a tus hijos salvar.
Deja ir la habilidad que generosamente recibiste,

caminar por las calles con facilidad, sin miedo, en paz.
Renuncia a la libertad que aquellos antes de ti,
que en el océano de la oscura muerte se atrevieron a cruzar.
Tus antepasados vinieron a esta hermosa tierra,
en su anhelo de libertad, religión y prosperidad.
Sin un pensamiento para los incontables muertos,
indígenas que perdían sus hogares, su patrimonio, sus tribus,
todo en nombre de la justicia, la igualdad y los derechos.
Son las mismas aspiraciones y son las mismas intenciones,
¿por qué me consideras injustamente sospechosa?
Atrévete a ponerte en mi lugar y con mis ojos a mirar,
atrévete a culparme, y entonces,
atrévete a decir que soy criminal.

Abrazos

Crossing

Su travesía

Abrazos

The Desert

My little girl and I, fearful, overcome with dread,
fled through a desert, near impossible to tread.
Running, a torturous end desperate to evade,
refugees of a country, where we knew only violence and hate.
Assaulted by constant heat, smothering and oppressing,
a scorching blanket, weighty and overwhelming.
By day, eyes burnt by blazing brightness,
night giving rise to deep, chilling darkness.
Sun-bleached bones of those that met with death,
scattered, pieces to a puzzle, stories left unsaid.
Frayed, tattered clothing fluttered in the air,
banners of forsaken, desecrated tombs here and there.
Howling of wild animals, compelling us to run,
blindly falling into thorn-covered cactus,
leaving us bleeding, our minds over-wrung.
Struggling to find something to drink or eat,
I fell, spent with hopelessness and defeat,
surrendering my flesh and bones to the scorching sun,
my own pieces added to this hidden human puzzle.
Wisdom herself revealed that my bones were not dry,
when through my child I heard God tell me to rise.
"Mommy, please don't leave me here all alone".
These were the life-giving words she loudly cried.

I then looked towards heaven, to the celestial throne.
A fresh breeze suddenly came, leaving me revived,
I can only thank God, we made it here alive!

Desierto

El desierto con su calor insoportable
casi me traga viva,
cuando intente con mi niña
cruzarlo en busca de ayuda.
Huyendo amenazas de mutilación y muerte,
de pandilleros que me exigían a mi hija,
les negué su petición, como cualquier madre,
tratando de salvarle la vida.
Las olas de calor cayeron sobre nosotros
con su terrible, insoportable manto abrasador.
Los huesos de otros que también intentaron,
esparcidos como piezas de un rompecabezas,
tratando de su historia contar.
Harapos ondeando en el aire,
marcadores de tumbas que de las que nadie sabe.
Bramidos de animales salvajes
impulsándome a ciegamente correr
entre zarzas y espinas que cortaron mi piel.
Pasamos varios días sin agua ni comida,
cuando caí en el suelo y sentí que me moría.
Cuando de la nada los llantos de mi pequeñita,
Me hicieron mover, respirar, para volver a la vida.

"Mamita, mamita, por favor no me dejes,
me quedo sola en este mundo si te mueres"
Al oír sus lamentos, elevé al cielo mi oración.
De repente una brisa fresca sopló,
recuperé una nueva fuerza dentro de mí,
nosó a sobrevivir para llegar hasta aquí.
Y ahora lo único que buscamos,
es la sencilla oportunidad de ser aceptados.

Abrazos

The Beast

A treacherous journey I undertook,
for no other reason than to save my life;
as well as those that to me God entrusted:
my children, my mother, and obviously, my wife.
We sought the Beast, a horse made of iron.
an illusion of freedom, mesmeric, leaving us benumbed.
Day after day, night after night, carrying this human pile.
Perched like birds under a blazing sun,
Holding on to its blistering metallic back.
tchjk tchjk tchjk clackety clack clackety clack.
Tales are told of how one must run,
 reaching out quickly, with a firm grasp.
Swing yourself up and climb they say,
But for many, this is not to be had.
Upon falling, limbs are often ripped away
Some die, others survive, only to live crippled and maimed.
Squeaky wheels, fiddle a lethal lullaby.
On and on it goes, tchjk tchjk tchjk clackety clack,
tchjk tchjk tchjk clackety clack..
Wake up! lest you fall, crushed on the winding tracks.
It arms and legs waving at those on the side,
Starving and thirsty, hoping some food will fly,
Tossed up in the air by merciful hands.

Finally, the time to jump has arrived.
to run from a protecting, yet apathetic creature,
mindful of her squeaky wheels, fiddling a lethal lullaby.
We faced uncertainty, anxiety, and endless fear,
our eyes fixed on the heavens, to the Most High.
Holding on to faith and constant prayers from our lips,
grateful to leave perilous dangers forever behind,
we rode upon a monster, this fearful, metallic Beast.

La Bestia

El más temible viaje emprendimos,
por ninguna otra razón que salvar mi vida.
No solo la mía, sino también la de los que Dios
con infinito amor me ha confiado,
mis hijos, mi esposa y mi madre querida.
Nuestra única opción, una Bestia de metal,
encantamiento que nos duerme, que nos hace soñar.
Día tras día, noche tras noche,
con su cargamento, olas de inmigrantes al paso de su andar.
Aves encaramadas bajo el sol abrasador,
con el miedo de caer y ser aplastados bajo el peso de su paso.
Chucu- chucu, clin, clan, clan; chucu- chucu, clin, clan, clan;
un caballo de hierro en su camino, la ilusión de la libertad
Oigo decir de cómo uno debe subir,
corriendo velozmente sin perder la dirección,
debe levantar su cuerpo y trepar al techo,
aunque para muchos es su fatal destrucción.
Algunos caen, con piernas y brazos cortados.
Algunos mueren, otros se salvan de milagro,
sólo para vivir lisiados y mutilados.
Ruedas chirriantes cantando su arrullo de cuna;
y sigue, sigue, meciendo mortalmente a sus criaturas.

Chucu- chucu, clin, clan, clan; chucu- chucu, clin, clan, clan;
chucu- chucu, clin, clan, clan…
¡Despierta o caerás en la trampa de su arrullo!
Brazos y piernas se agitan de lado a lado,
con hambre y sed, con la esperanza de ser alimentados,
por lo que caiga de las manos misericordiosas
que en el camino, piadosamente les arrojan.
Finalmente llega el momento de saltar
para huir de una criatura protectora y maléfica
conscientes de sus ruedas chirriantes
que les cantaban un arrullo mortal.
Nos enfrentamos a la incertidumbre,
la ansiedad y un miedo sin fin,
nuestros ojos fijos en los cielos, al Altísimo.
Aferrándonos a la fe y a la divinidad de la oración,
agradecidos por dejar para siempre atrás un pasado,
para llegar a un presente cabalgando sobre esa Bestia con dolor.

Abrazos

River

Selling pupusas and refrescos, earning enough to provide,
my own little business, allowing me sustenance and pride.
Raising two small sons on my own, by their father disowned.
 Suddenly, threats of losing my children came,
if impossible fees were not consistently paid.
I had to follow a path many are forced to take,
eluding perils from raiders and sinister terrain.
One final barrier, a daunting, hazardous waterway.
Its bank, a marsh full of tarantulas and poisonous snakes.
Desperate to find refuge, my sight on the journey's end,
as answer to prayer, a fragile boat I found, truly a godsend.
The other side seemed so close, "We did it" I supposed.
A sudden gust of wind blew, violently shaking my world.
Turbulent, icy water slammed us, crashing, roaring, in a rage.
Though my babies I held tight, the oldest fell over the side.
Avidly, I fought to grab him, screaming, hysterical, deranged.
The river, with its ruthless current, ripped my child away,
taking my life, my joy with it, buried in a watery grave.
Icy waters that took my boy and froze my soul.
No tears, no flowers, no time to mourn.
Therefore, I sat there, devastated, in shock,
a divided mother, broken, grieving her loss.
All of a sudden, a cry in the dark once again pierced my heart,

giving me the desire and strength that forced me to respond,
making me realize, that though the oldest is sadly gone,
my youngest son deserves to have a loving, caring mom.

Río

Con la venta de pupusas y refrescos,
ganando lo suficiente para estar vivos,
con mi propio negocio, permitiéndome sustento y dignidad.
Criando a dos hijos pequeños por mi cuenta
y por su padre desconocidos.
De repente llegaron amenazas de robarme a mis hijos,
si con la cuota clandestina puntualmente no cumplía.
Tuve que seguir un camino que muchos
se ven obligados a tomar,
eludiendo los peligros de los asaltantes y de siniestro lugar.
Y el último obstáculo, un cauce desalentador y peligroso.
a su orilla, un pantano lleno de tarántulas
y serpientes venenosas.
Desesperada por encontrar refugio,
mi vista fija en el final del viaje,
como respuesta a mi oración, un barco frágil que encontré,
milagrosamente un regalo de Dios.
En medio de la corriente, el otro lado tan cerca parecía
"ya la hicimos" y con esa idea me regocijé.
Una súbita ráfaga de viento sopló,
sacudiendo violentamente mi mundo.
Turbulenta el agua helada nos golpeó,
estrellándose, sobre este río iracundo.

Aunque a mis hijos mantenía apretados,
el mayorcito de apenas dos años
impestivamente cayó sobre uno de los lados,
ávidamente luché para alcanzarlo, gritando,
histérica, con el corazón transtornado.
El río, con su despiadada corriente me arrebató a mi hijo,
y con él se llevó mi vida, mi mayor alegría,
para encontrar una tumba de agua helada.
Aguas que se llevaron a mi niño y congelaron mi alma.
Y me quedé sin lágrimas, sin flores, sin tiempo para llorar.
Por lo tanto, me senté allí, devastada, con la mente enmarañada,
una madre dividida, rota, afligida por inexplicable pérdida.
De repente, un grito en la oscuridad
una vez más me perforó el corazón,
para darme el deseo y la fuerza que me obligaron a responder,
haciéndome comprender que sigo siendo madre,
para el que se llevó el río y para el que me quedó en los brazos,
a quien con el más profundo amor debo proteger.

Abrazos

Caught

Atrapados

ICE

"Pathetic beggars, why are you even here,
in this foreign land, in which you don't belong?
We already know that you have only come,
to beg and to steal the bread from our young."
Those words resounded harshly in my ears,
as I waited in that horrible place,
where I was no longer a person.
I was simply a number, an immigration case.
Held in a corner of ice, subject to these people.
These so called workers of ICE,
with frozen, mechanical hearts.
Pretending to protect their people, and their rights
Under a blanket, tiny piece of paper,
uncontrollably trembling and shaking,
our breaths were ragged and labored.
From intense cold and a faceless fear,
my children cried out, if anyone can truly hear.
A cover unable to shield us from the chilly breeze,
nor our ears from the anguished cries of mothers,
bearing the pain of seeing their children seized.
The dismissive answer was always the same,
when inquiring where their children would go,
you brought this on yourself when you broke the law,

coming here illegally, now you pay what you owe.
Food we scarcely had, our meal, if you can call it that,
was nothing more than a frozen piece of luncheon meat,
on a piece of bread almost impossible to bite.
The rigid floor became our bed,
freezing, tired, never able to rest.
I lay there, still bearing the cuts and bruises,
of those that had raped and abused me, causing me to flee.
Only to wind up in a country, just as cold as it could be.
More heartless and even icier than mine,
that never helped me, when I reported the crime,
my words falling on ears that were deaf to my cries,
I pray that you do not allow your ears to be ICE.

La hielera

"Muertas de hambre, lo que deberían hacer es a su país regresar,
porque la comida de nuestros hijos solo vienen a quitar."
Las palabras resonaban en mi oído allí, en ese lugar,
donde me llevaron cuando la migra
me capturó al tratar de cruzar.
Un lugar que estaba más frío que una nevera,
con trabajadores hechos a semejanza de esa hielera.
Mis hijos lloraban y temblaban bajo el oscuro cielo,
del intenso frío, de profundo miedo.
Cubiertos con una manta artificial, pieza delgada de papel
que no hizo nada para quitar nuestra frialdad,
ni los temblores que sacudían nuestra piel;
ni para alejarnos de los gritos de angustiadas mujeres
al verse separadas de sus hijos, sus queridos seres.
Cuando desfallecidas preguntaban
que a dónde sus hijos se llevaban,
la respuesta insensible siempre la misma fue,
"Ustedes se lo buscaron cuando quebrantaron la ley
al venir aquí ilegalmente, cruzando ríos, montañas,
escondidas como delincuentes."
Alimentos recibimos una vez al día
si alimento podría llamarse a esa comida tan fría,
que de embutidos congelados y pan seco consistía.

Unas migajas de miseria para conservarnos vivas.
Seguía tirada en el piso, aún con los golpes
de los que brutalmente me asaltaron y violaron,
de los que al arrancarme el vestido, rompieron mi destino.
Solamente para venir a un país sin corazón,
mil veces más frío que mi terruño querido,
que no me respaldó, cuando la denuncia se hizo.

Abrazos

The Enterview

As soon as we pulled in, its' maws shut us in,
startlingly, reminding us then… captive again.
Exhausted and famished, we were told to sit and wait,
while medics came, to scrutinize our physical state.
If found, even a trace of the dreaded chicken pox,
twenty days, one after another, feeling more like
forty days and forty nights in a small isolation box.
We waited and waited, at last, articulated to disembark,
steered into quarters kept awfully cold, bare, and stark,
Someone called out, "Wait! We will be with you soon."
My children, already tired from the long ride, got underfoot.
One of the workers looked up at me, distressed and appalled,
my anxiety rose, nervous about being the chosen one called.
Sternly, with a frown, she demanded, they need to settle down!
I wanted to scream, from deep within, make her understand,
when forced to bolt, it was in the back of a truck, all crammed.
Quite often forced to stay quiet, lest we be heard,
this being the only way my darlings I could transport.
After a while, our supper arrived in a brown paper bag,
gratefully, we tore into it, ravenous from days of lack.
At last, my name called, my limbs seem to have locked,
shackled by horrific memories refusing to be blocked.
Tugging at me, my son brings me back to reality.

Looking down, I smile, knowing, here is my sanity,
in my innocent babes, only for them I tolerate the wait.
A nurse beckoned, insisting tests needed to be done.
Step on the scale, read these letters, urinate in this cup,
my child screaming, frightened by the blood pressure cuff.
She too questioned our journey, expecting detailed account,
oblivious to my struggle to frequently my story recount.
Once done, she then sent us back to wait yet again.
We waited and waited, until gestured by an officer of ICE,
question after question, somehow
feeling accused of telling lies.
"Why did you come? What were your plans?
Do you have family here? he asked and asked.
Replies were made, but truthfully, I wanted to rant and rave,
yell in his face, can you even began to comprehend?
There was no time to think or plan, I was at my wit's end.
Dismayed, I saw another worker inspect
my meagre belongings,
one by one, private items, shoes, a bag, maybe, a set of clothing,
Her nose wrinkling in distaste, making me feel so debased.
Catching my eye, she quickly puts on a tight little smile,
gesturing for us to sit at her desk, frowning all the while.
The questions start once again, obviously, it's just her trade,
her tone plainly showing there is no care; it's her usual charade.
Only weariness and endless questions gave hint to time,

Abrazos

not able to read a clock, nor windows to see if day or night,
it seemed an eternity of being taken here and there,
my story rehashed, doubting that anybody really cared?
What we desire is to wash away the ache and grime,
a warm bed to cradle our fears and angsts during the night.
Our bodies were examined, but what about our hearts?
Do you not see, right in front of you; we continue falling apart?

Abrazos

La enter-vista

Tan pronto nos detuvimos, cayeron las rejas tras nosotros
sorprendentemente, nos damos cuenta
que somos cautivos de nuevo.
Agotados y hambrientos, hicieron sentarnos y esperar, esperar,
mientras los médicos venían,
para escudriñar nuestro estado físico.
Si se encuentra apenas un rastro de la temida varicela,
veinte días, uno tras otro, sintiéndose más como
cuarenta días y cuarenta noches en una pequeña celda.
Esperamos y esperamos, por fin, listos para desembarcar,
conducidos a cuartos mantenidos terriblemente fríos,
desnudos y rígidos.
Alguien gritó: "Espera, pronto estaremos contigo".
Mis hijos, ya cansados del largo recorrido,
se pusieron bajo mis pies.
Uno de los trabajadores me miró,
y yo angustiada y consternada,
mi ansiedad aumentó, nerviosa por ser la próxima entrevistada.
Dura, con el ceño fruncido nos gritó ¡pon quietos a tus hijos!
Quería gritar, desde lo más profundo de mi interior,

hacerla entender que forzados hemos sido
metidos en un camión, apilados como fuimos.
Siempre obligados a permanecer en silencio,
a aguantarnos nuestros gritos,
para no ser descubiertos y perder de absurda manera el camino.
Después de un rato,
nuestra cena llegó en una bolsa de papel oscuro,
con gratitud la desgarramos
por la voracidad de los días de ayuno.
Por fin, mi nombre se oyó,
mis miembros parecen haberse bloqueado,
encadenados por horribles recuerdos
que se niegan a ser borrados.
Tirando de mí, mi hijo me trae de vuelta a la realidad.
Mirando hacia abajo, sonrío,
sabiendo que aquí está mi cordura,
en mis nenes inocentes, sólo por ellos tolero la terrible espera.
Una enfermera hizo señas,
insistiendo que se necesitaban pruebas.
Pase a la escala, lea esas tarjetas, hay que orinar en una taza,
y mi niño gritando,
asustado por el manguito de la presión arterial.
Ella también cuestionó nuestro viaje,
esperando un relato detallado,
ciega a mi lucha a la historia que quiero gritar.

Abrazos

El proceso concluye y de nuevo a esperar,
a esperar, una vez más.
Esperamos y esperamos...
hasta que un oficial de la ICE hizo una señal,
pregunta tras pregunta,
sospechosos de la verdad que tratamos de contar.
"¿Por qué viniste? ¿Cuáles eran tus planes?
¿Tienes familia aquí?" Las preguntas sin cesar.
Las respuestas fueron hechas, pero sinceramente yo quería,
gritar en su rostro, ¿puedes incluso empezar a comprender?
No había tiempo para pensar o planear,
estaba a punto de terminar.
Consternada vi a otro obrero inspeccionar
mis escasas pertenencias;
uno por uno, los artículos privados,
zapatos, un bolso, tal vez, una muda de ropa.
Su nariz se arrugó con disgusto,
volviéndome a sentir tan degradada.
Viéndome de reojo,
rápidamente se pone en la cara una pequeña sonrisa apretada,
gesticulando para que nos sentáramos a su escritorio,
fingiendo la sonrisa y la mirada.
Las preguntas empiezan una vez más,
obviamente es nada más su oficio,
su tono claramente mostrando que no hay cuidado,

que es su gesto habitual.
Solo el cansancio y las interminables preguntas
hacían alusión al largo tiempo,
sin ser capaz de leer un reloj,
ni ventanas para ver si era de noche o de día,
se nos hizo una eternidad el ir de aquí para allá,
para confirmar que no eran mentiras.
Mi historia repetida y repetida,
sin estar segura si a alguien realmente le conmovía.
Lo que deseamos es lavar el dolor y la mugre,
una cama caliente para cubrir nuestros miedos
y nuestra angustia disimular.
Nuestros cuerpos una y otra vez examinados,
pero ¿qué pasa con nuestros corazones?
¿No lo ves, justo delante de ti?
Seguimos cayendo en pedazos.

Abrazos

Their Stories

Sus historias

Abrazos

Hope

Her hair, long, dark, to her waist,
Shiny, soft, smooth, like silk.
A smile always on her sweet face.
The light, the fire, that stirred my soul.
My loving, selfless, obedient child,
devoted to her studies, her goals,
knew that on her rested all my hope.
To one day, achieve an affluent position,
hopefully, get us out of skid row.
A hard knock shook me to the core,
An ominous feeling running down my spine.
I shouted "stop" when she ran to the door.
 Laughing, she opened, greeted by a fiery blast,
 my star crumpled, like a ragdoll to the floor.
The killer fired again, with a malicious laugh.
Abruptly, he was gone, leaving no trace.
Gang initiation was the culprit's motivation.
The greeter was destined to be erased.
The law we desperately sought,
but a hopeless battle we fought.
Life is now a hollow shell, no light, no fire.
My youngest daughter, a beautiful and blossoming flower,
is now being stalked by the same gang, a gem they desire.

But in your anger towards me, of course you can't see,
that I did not come here by choice or request, or even for me.
To see another child of mine slain is more than I can bear,
 only with your help and God at my side, can her guardian I be.

Esperanza

Cabellera larga, oscura, hasta su cintura,
brillante, suave, lisa, como la seda;
siempre una sonrisa en su cara bella,
sin llegar a los dieciocho, inocente que era.
Comprometida y dedicada a sus estudios,
sabiendo que yo tenía todas mis esperanzas en ella
que podría obtener el título de contadora,
y darnos la fortuna de escapar de esta pobreza.
Sueños rotos en fatídico día,
cuando un golpe duro y fuerte rompió el silencio.
Ella, tan servicial como siempre lo era
se ofreció a contestar la puerta.
Yo que le digo "¡Hija, espera!"
Demasiado tarde, unos segundos apenas.
Abrió solo para que temibles balas
hicieran desaparacer mi brillante estrella.
El pistolero estaba allí con maléfica sonrisa
cuando disparó otra bala en su cabeza.
Llamé a la policía, sinónimo de impotencia
para hacer justicia ante perdida belleza.
Era la prueba de entrada a una pandilla,
y quien contestara la puerta, condenando estaría.

Ahora me encuento aquí, porque tuve que huir
divagante con las emociones perdidas,
al punto que yo misma no me valgo para sobrevivir.
Olvídate de llorar, de elevar una oración
por la gran pérdida, por el eterno descanso de mi hija.
Pero cegados ustedes por su ira,
no pueden ver que no vine aquí
por gusto ni placer…
Fue solo para salvar a mi otra hija
que, gracias al cielo, ese pistolero no vio,
y quien, bendito Dios, se mantiene viva.

Abrazos

Haunted

My mother and I struggled to make ends meet,
after losing my father, whom was brutally shot.
I was close to her and she was close to me,
but somehow for her, I was never enough.
It all began when I was eleven.
Why are you doing this? I cried out.
Please! Stop! Don't touch me like that.
 I fought him, I tried, have no doubt.
As for my mom, blind that she was,
believed this man to be her savior, her special one,
At thirteen, I had no choice, but to run away,
because she chose to act as if she knew naught.
Seeking a life, free from that horrifying pain,
tragically found myself at fifteen,
married to a cruel, excuse of a human being.
And later, was blessed with three little angels from God,
whom came to save me from suicidal thoughts.
Terrified of eruptions from a volcano nearby,
 even worse was the danger at his hands to die.
We made our way, my precious angels and I,
through an arid labyrinth, where everything but cactus dies.
Struggling to be free, still unable to find my way,
from a nightmare intent to follow, as if I were its prey.

Haunting shadows of the streets, disguised as human beings,
trapped us while we slept, fulfilling my dreadful fate.
Holding us captive in a filthy, broken down place,
my innocent babes made to watch,
as these wicked creatures had their lascivious way.
Doing unspeakable things, that made me yearn to die,
yet knowing that for my little treasures, I needed to survive.
Done with me, they dumped us in the river,
tossing us in, like a piece of trash.
Brokenhearted, I saw my cherubs cry and shiver.
Only by the grace of God,
I transformed as their raft,
That bridged their need to cross.
So here I am in your country,
yet once again mistreated,
by callous people that yell, Beat it
you're not welcome, you pathetic bum.
Never trying to understand,
our struggle is for a right to freedom,
to live in a world without chaos and strife.
Our profound desire, for our loved ones
to learn, and continue the good fight.

Abrazos

Perseguida

Mi madre y yo luchamos para ganarnos la vida,
después de que mi padre fue brutalmente abatido.
Yo estaba cerca de ella y ella estaba cerca de mí,
pero de alguna manera para ella, nunca fui lo que quiso.
Todo comenzó cuando yo tenía once años…
¿Por qué me está haciendo esto? Yo gritaba.
¡Por favor! ¡Deténgase! No me toque así.
Me defendí, lo intenté, no cabe duda.
En cuanto a mi madre, ciega que estaba,
creyó que este hombre era su salvador, su buenaventura.
A los trece años, no tuve más remedio que huir,
porque ella decidió actuar como si no supiera nada.
Buscando una vida libre de ese horroroso dolor,
trágicamente me encontré a los quince años,
casada con una cruel excusa de ser humano.
Y de esa unión, bendecida fui con tres ángeles de Dios,
que vinieron a salvarme de pensamientos suicidas.
Más aterrorizada que por las erupciones de un volcán
era para mí el peligro de morir en manos de tal sabandija.
Hicimos nuestro camino, mis preciosos ángeles y yo,
a través de árido laberinto,
donde todo con excepción del cactus perece.
Luchando por ser libre, todavía incapaz

de encontrar mi camino,

perseguida y atrapada por una pesadilla.

Brutales sombras de las calles, disfrazadas de seres humanos,

nos atraparon mientras dormíamos,

cumpliendo mi terrible destino.

Nos mantuvieron cautivos en un lugar sucio, inframundo,

haciendo que mis hijos vieran indescriptible abuso.

Deseando encontrar la muerte, darle a esto el fin,

pero sabiendo que para mis pequeños tesoros,

necesitaba sobrevivir.

Satisfechos conmigo, nos dejaron en el río,

nos arrojaron como si fuéramos basura.

Con el corazón destrozado,

vi a mis querubines llorar y temblar.

Solo por la gracia de Dios,

me transformé en su balsa,

para poder cruzar.

Así vinimos a dar a su país, una vez más maltratados,

por gente amargada que nos grita, "Beat it!

No son bienvenidos, patéticos vagabundos."

Sin hacer el esfuerzo de entender,

que nuestra lucha es por un derecho a la libertad,

para vivir en un mundo sin caos ni conflictos.

Nuestro profundo y único deseo, para nuestros seres queridos

para aprender y continuar esta lucha que emprendimos.

Abrazos

Crossroads

A punching bag is what I became, not a cherished wife,
at the hands of that, once loving, now heartless man.
Two months passed, and eternal darkness arrived.
Living in desperation, seeking the moon and the stars,
until that moment I accepted, I no longer had the light.
Efforts in vain to exercise the law,
order and justice were not to be found.
A little bit of money in the hand of a crooked cop
and quickly my husband was on his way out.
When he saw my baby as an object of desire,
that was the day he crossed the line.
He dared to quench his bestial pleasures,
when she had only just turned nine.
He then threatened me with a machete,
praise God, I managed to grab her and escape.
Having no family and nowhere to go,
we hid in the woods, not knowing our fate.
I found myself at a crossroads, aware if we stayed,
things would only be worse, considering his rage,
yet terrified of leaving, aware of the dangers we would face.
Expecting to find safety and protection for my daughter,
upon weighing the risks, I came to realize, that for us both,
though daunting, a new path we would carve by going north.

Abrazos

Encrucijada

En saco de boxeo convertida después de ser la esposa querida,
a manos de ese hombre, una vez amoroso, ahora sin corazón.
Pasaron dos meses y llegó la oscuridad eterna.
Viviendo en la desesperación, buscando la luna y las estrellas,
hasta el momento que acepté que la luz acababa de perder.
Los esfuerzos en vano para ejercer la ley,
orden y justicia por ningún lado no se encontraban.
Con un poco de dinero en la mano de un policía,
y rápidamente mi marido disfrutaba la salida.
Pero cuando a mi nena vio como el objeto de su deseo,
me sentí totalmente angustiada, duramente sacudida.
Intentó apagar sus bestiales placeres
con mi criatura que acababa de cumplir apenas los nueve.
Entonces me amenazó con un machete,
alabado sea Dios, me las arreglé para salvarla y escapar.
Sin familia ni lugar para dónde refugiarnos,
nos escondimos en el bosque, sin saber nuestro destino.
Me encontré en una encrucijada,
consciente de que si nos quedábamos,
las cosas solo serían peores, considerando su rabia.
Y aterrorizadas de salir,
al tanto de todos los peligros que nos aguardaban.
Con la esperanza de alcanzar seguridad

y protección para mi tesoro,

al sopesar los riesgos y considerando los puntos cardinales,

me di cuenta de que para nosotras dos,

aunque desalentador,

el norte representaba el menor de nuestros males.

Abrazos

Funeral

Plagued by memories, pursuing me night and day,
echoes of bone-chilling screams, over and over, replayed.
Hot, sticky blood splattered savagely on the ground.
Limbs obscenely twisted, mutilated, his body bound.
I tried to stay hidden, to somehow shut it out,
but yes, it was my beloved brother, I had no doubt.
How could I not recognize that voice
behind those strangled cries,
the one, that when I was little,
sang me to sleep with sweet lullabies.
My mother worked from dawn to dusk when I was a child,
so he was my mother, my father, caring for me all the while.
Though paralyzed by fear, devotion compelled me outside.
He was my tower, my strength, the only man to be relied.
I crumpled to my knees, devastated, as he gave his last breath,
mindful, by doing this,
I just signed a warrant for my own death.
Where I come from, we are warned, do not see, hear or talk,
mind your own business, keep your doors locked.
I held him close to my heart, for a minute, maybe two,
sobbing and heartbroken, unwilling to bid him adieu.
Furious that I can't bury him, take time to devotedly lament,
I lay some flowers growing nearby, fervently, next to his head.

My thoughts in a whirl, what do I do? Where do I go?
Two children to care for, no husband, and my brother gone.
Knowing that remaining is not an option, if we are to survive,
 I grabbed my two little ones, somehow finding a place to hide.
Borrowing only just enough money to pay for two to cross,
I entrusted my mother with my eldest, to care for and watch.

Funeral

Atormentada por los recuerdos, persiguiéndome noche y día,
se repetían ecos de gritos escalofriantes, una y otra vez.
Caliente, pegajosa, sangre salpicada salvajemente en el suelo.
Miembros extremadamente torcidos,
mutilados, su cuerpo atado.
Traté de permanecer escondida, de alguna manera oculta,
pero sí, era mi querido hermano, no tenía ninguna duda.
¿Cómo no reconocer esa voz
detrás de esos gritos estrangulados,
la que cuando era pequeña,
me arrullaba con dulces canciones de cuna.
Mientras mi madre trabajaba de sol a sol,
él se convirtió en mi madre, mi padre, mi protector.
Aunque paralizada por el miedo, la devoción me obligó a salir.
Él era mi torre, mi fuerza, el único hombre en quien confiar.
Al encontrarlo me desplomé de rodillas, devastada,
mientras él estaba a punto de exhalar.
Sabiendo que al hacerlo firmaba mi propia sentencia de muerte.
De donde vengo, se nos advierte hacer oídos sordos
mantener intencional ceguera y no abrir la boca.
Y el que no obedezca, que muera.
Lo sostuve cerca de mi corazón, por un minuto, tal vez dos,

sollozando y desconsolada, arrancándome un adiós.
Impotente para enterrarlo, sin tiempo para estar de luto,
encuentro unas flores y las coloco al lado de mi amado difunto.
Mis pensamientos en un torbellino, ¿qué hago? ¿a dónde voy?
Dos niños qué cuidar, sin marido y mi hermano perdido,
porque quedarse no es posible si queremos sobrevivir.
Tomé a mis dos pequeños y busqué un lugar para esconderme.
Sin más dinero prestado que para dos
tuve que dejar al cuidado de mi madre al mayor.

Abrazos

Soup

I lay there, in my haven, constructed of mortar and stone,
my fortress, my defense, against further assault and abuse.
At last, a semblance of peace and safekeeping restored,
as tormenting memories diminished and wounds were cured.
Thoughts of my cherished mother, loving me with her food,
enthused in me a desire to cook myself a pot of soup.
A little soup is soothing for the mind and body,
she would croon, while happily stirring the crock.
I gathered beef bones and vegetables as I saw her do.
In went the bones, as well as onions, green and pungent,
followed by carrots, sweet and wild, and some potatoes too.
Mmmm! the aromas beckoned
feelings of warmth and well-being,
As cabbage and chayote were added,
flavors deliciously mingling.
Lastly, a sprig of cilantro, fresh, zesty, perfect for seasoning.
Bang!
Flavors now broken, comfort is gone,
and my world upside down.
Horrified, I realized, malice had me once more,
in its nasty grasp,
as cold metal, sharp and lethal, pricked my throat, ready to stab.
A menacing voice hissed, "Scream, and it's your last cry"

as cruel fingers probed and jabbed, fiercely tearing at my dress.
Determined to never again be abased, and misused,
I wrenched myself, pushing back, my cries an outraged deluge.
Death, a sweeter end it seemed to me, than to suffer again rape,
but this was not to be, as he raged that I dared to not subjugate.
With a hateful sneer,
he turned to my pot, my comfort, my food,
now, his weapon of choice, destroying my entire womanhood,
as he hurled its boiling contents over me, from breast to thigh.
Though I am now disfigured, I carry these scars with pride,
evidence of taking a stand, my autonomy worth the fight.
Still, danger skulks, the trespasser protected by corrupted law.
Bribes ensure that he is above reproach,
while I remain his pawn,
perchance again poached; therefore, I came, looking for harbor,
a place to finally call home.

Caldo

Protegida en mi refugio, construido de barro y piedra,
mi fortaleza, mi defensa, contra nuevos ataques y abusos.
Al fin, una apariencia de paz y salvaguarda restaurada,
con el paso de encontrar alivio y curar las heridas.
Recuerdos de mi querida madre, amándome con su comida,
entusiasmada con el deseo de prepararme un caldo de gallina.
"Un bálsamo calmante para la mente y el cuerpo"
me decía mientras seguía alegremente preparando la delicia.
Limpié algunos huesos y verduras como ella lo hacía,
y a la olla fueron los huesos, las cebollitas verdes y olorosas,
seguidos por las zanahorias dulces y crujientes, y unas papas.
Hummm… los aromas evocaban
sentimientos de calidez y bienestar,
cuando la col y el chayote se agregaron,
sabores deliciosamente mezclados.
Por último, una ramita de cilantro,
fresco, picante, perfecto para sazonar.
¡Bang!
Los sabores se rompen,
el consuelo se desvanece y mi mundo deja de girar.
Horrorizada, me di cuenta, la malicia me atrapa una vez más,
con un metal frío, agudo y letal,
me pinchó la garganta, listo para apuñalar.

Una voz amenazadora siseó, "Grita y no vivirás"
mientras sus dedos audaces y malignos,
ferozmente rasgaban mi vestido.
Decidida a no volver a ser humillada y maltratada,
me desprendí, empujando hacia atrás,
sacando fuerzas de la nada.
La muerte, final más dulce me pareció,
que sufrir nuevamente una violación,
pero esto no iba a ser y provoqué su ira mayor
al verme tan defensiva.
Con un odioso desprecio, se volvió a mi olla,
mi consuelo, mi comida,
vuelta su arma de ataque para destruir mi feminidad,
y me lanzó su contenido ardiente sobre mi dignidad.
Aunque ahora estoy desfigurada,
llevo estas cicatrices con orgullo,
prueba de mi cara honradez, de defender lo que no era suyo.
Su crimen no fue castigado, protegido por la falta de ley,
y nada impide que vuelva a cometer este infame atropello
con cualquiera que no se pueda defender.
Yo escapé para otro refugio poder cimentar,
abrigada en una nueva tierra que pueda llamar mi hogar.

Abrazos

Empty

I don't want to be here; I want to go back, to my little house.
It's in the land of many trees, the sweetest place to be found.
It was only a little room, but just right for me and my mom.
Yes, it was hard living there, you see, food, we didn't really have.
The hungry inside, it made my tummy hurt,
and my body feel weak.
I won't lie to you, lots of times, I wanted to cry, even scream,
but when I did, my mom's eyes got really sad, so not a peep,
just drank lots and lots of water, and made myself go to sleep.
My mom said I was a tiny baby when my dad left us all alone,
and all her family died, way, way back, in some kind of war.
She worked really hard by selling fruit out on the streets,
 I went with her, all day we worked together in the heat.
We earned enough to buy a little corn, this to become our food,
tortillas, tamales, simple but good, sometimes, even a little atol.
Then one day, she said, we have to walk and walk
and go far away.
Now here we are, in this strange place,
I feel so lost, so very afraid.
They don't know what we say
when we talk to them in our Ch'orti'.
and we don't understand them either;
I think this makes them angry.

They talk louder, as if we can't hear,
my mom keeps nodding her head.
I asked her if she knew what they said,
she said, no, I just pretend.
A lady took us to a little room,
what is that, why is it raining inside?
She kept pointing at it, but we didn't understand,
as hard as we tried.
She moved her arms, like taking off her clothes,
and getting in to bathe.
Finally, I see, I don't want water on me,
I want me in the water, to play.
I want to wash in our little stream,
scrubbing all the dirt away,
with smooth stones in my hands,
wiggling my toes in the wet sand.
No, no shoes for me,
I don't like my feet all hot and squeezed tight,
then I can't feel the grass, soft and warm,
making me happily sigh.
Now I have to leave her, go to school they say,
school, what is that?
Learn letters, why, I don't need letters,
I already know how to speak.
Mommy, I don't like this place, please,

Abrazos

take us home, let's go back.
I get frightened with the loud noises
and the people in that black box,
who put them there, mommy,
make it go away, please make it stop.
Why do I have to sleep on this thing they call a bed, up on top?
In my house, I slept right next to the door, on my favorite mat,
seeing stars that I could almost touch, they seemed so close,
and the cool wind would blow kisses on my face, I liked that.
Mommy, I don't like this place,
please, take us home, let's go back.
The hungry inside isn't so scary when I think of all that I had.
Mommy, please make it stop,
please take us home, let's go back.

Hueco

No quiero estar aquí; quiero volver, estar en mi casita.
En la tierra de muchos árboles,
el lugar más dulce que se puede encontrar.
Era sólo una pequeña habitación,
pero perfecta para mí y mi madre.
Sí, era difícil vivir allí, ya ves, la comida, no teníamos casi nada.
Con un hueco por dentro,
me dolía la barriga y mi cuerpo temblaba.
No te voy a mentir, muchas veces quería llorar, hasta gritar,
pero al verme así mi mami se entristecía,
por lo que dejé de llorar,
y para calmar el hambre y poder dormir
mucha, mucha agua yo tomaba.
Mi mami me contaba que yo era muy pequeño
cuando mi papá nos dejó solos,
y toda su familia murió, hace muchos,
muchos años cuando una guerra peleaban.
Ella trabajó muy duro vendiendo fruta en las calles,
 yo iba con ella todo el día y trabajábamos de sol a sol cada día.
Ganamos lo suficiente para comprar un poco de maíz,
nuestra única comida.
Tortillas, tamales, todo simple pero bueno,
a veces, con suerte un poco de atol.

Entonces un día, ella dijo,
tenemos que caminar y caminar irnos lejos
al otro lado del sol.
Ahora aquí estamos, en este extraño lugar,
me siento tan perdido, tan asustado.
No saben lo que decimos
cuando les hablamos en nuestro Ch'orti'.
Y tampoco los entendemos; creo que por eso se enojan.
Nos hablan muy fuerte, como si fuéramos sordos
y mi mamá nomás mueve la cabeza para decir que sí.
Le pregunté si sabía lo que decían,
pero dijo que no, que había que fingir.
Una señora nos llevó a un cuartito,
¿qué es eso, por qué está lloviendo adentro?
Siguió señalándolo, pero no lo entendimos,
por más que lo intentamos.
Ella movió los brazos,
como para quitarse la ropa y tomar un baño.
Entonces entiendo pero no quiero agua sobre mí,
sino estar en ella contento.
Quiero meterme a la corriente, chapotear, restregarme
con las piedras lisas en mis manos,
sintiendo en mis deditos de los pies la arena mojada.
No, no quiero eso que llaman zapatos,
no me gustan mis pies todo calientes y apretados,

Abrazos

así no puedo sentir la hierba, suave y cálida,
acariciándome las plantas.
Ahora tengo que dejar a mi mami,
ir a la escuela dicen, la escuela, ¿qué es eso?
Para aprender las letras, para formar palabras,
pero yo ya sé hablar, no necesito en papel dibujarlas.
Mamá, no me gusta este lugar, por favor, hay que irnos a la casa.
Me asusto con los ruidos fuertes y la gente en esa negra caja,
¿quién los puso allí?
Mamá, haz que se vaya, por favor, haz que se detenga.
¿Por qué tengo que dormir en esta cosa que llaman litera?
En mi casa dormía justo al lado de la puerta,
en mi tapete de paja,
viendo las estrellas que casi podía tocar, no parecían lejanas,
y cuando el viento fresco me soplaba besos en la cara,
cómo me gustaba.
Mamá, vámonos de este lugar, por favor, hay que irnos a casa.
El hueco ya no es tan aterrador
cuando pienso en todo lo que me hace falta.
Mamá, vámonos de este lugar, por favor,
hay que irnos a casa...

Abrazos

True Colors

Does the color of my skin truly define who I am?
Do you really judge me for what you don't understand?
My mother one color, my father another,
what does that make me, if my skin matches neither?
Out of my mouth, a new verbal pours out,
that to you may sound foreign, as I try to make sense
of two cultures merging,
dealing with struggles of painful meaning.
Two worlds collided, becoming one, somehow united.
Embraced by some, yet, rejected by others,
displaying their true colors,
and by revealing their true distress I realize is not my skin,
but the false prejudice
within their souls confused with human sin.

Caras vemos...

¿El color de mi piel realmente define quién soy?
¿En realidad me juzgas por lo que no entiendes?
Mi madre de un color, mi padre de otro,
y yo, la maravillosa combinación de los dos.
De mi boca, palabras de dos lenguas combinadas,
que a ti pueden parecer extrañas,
De dos culturas que se fusionan,
y las que un nuevo sentido claman.
Dos mundos encontrados, convirtiéndose en uno,
de alguna manera unidos.
Aceptados por algunos,
sin embargo, por muchos otros rechazados;
y al sacar a la luz su verdadero color
me doy cuenta que no es el tono de mi piel
lo que les causa confusión
sino el falso prejuicio de su instinto pecador.

Abrazos

Little Gifts

A little verse for you, a simple poetic speech,
of little things that touch the soul so sweet.
A little piece of yarn, just enough,
to knit my baby girl some warmth.
A little bite, lovingly made,
of food you shared to soothe my heart.
A little hair tie, slipped into my hand,
now feeling pretty, with my hair pulled back.
A little piece of candy, soft and sugary,
to make my baby boy smile, even laugh.
A little piece of cake, my favorite kind,
to allow me my birthday to celebrate.
A little bible, full of promise and hope,
to sustain me during my difficult wait.
These little gifts, seemingly small,
to others, possibly, of no import,
given in kindness and compassion,
shone the light into my darkened world.
It is the caring voiced in your kind deeds,
that became the greatest gifts we received.

Regalitos

Un pequeño verso para ti, un breve poema,
de pequeñas cosas que tocan el alma serena.
Lo suficiente apenas de una hebra
para tejerle a mi nena un pedazo de calor.
Un pequeño bocado preparado con amor,
de comida que compartías para consolar mi corazón.
Un pequeño lazo de pelo, se deslizó en mi mano,
ahora me siento bonita, con el pelo arreglado.
Un caramelito, suave y azucarado,
para hacer sonreír a mi bebé, incluso hacerlo reír.
Un pedacito de pastel de mi sabor favorito,
para honrar el bendito día en que nací.
Una pequeña Biblia de grandes promesas y esperanzas,
para sostenerme durante esta difícil tregua.
Estos pequeños regalos, pequeños en apariencia,
para otros, posiblemente, sin importancia siquiera,
han sido regalos del alma con bondad y compasión,
que inundaron de luz divina mi oscuro corazón.
Son el símbolo de pequeñas acciones caritativas
que se convirtieron en los mayores regalos de mi vida.

Abrazos

Deported

My life torn asunder by immorality and barbarity
forced my hand, condemning me to forsake my depths.
Crushed, broken at abandoning my beautiful motherland,
yet, expectant for what this new home could beget.
Our detainment never came to mind as happening,
however, I stood firm in godly faith and strong belief,
that the justness this nation is famed for, would intervene.
Three months I paced that compound, praying for our release.
At last, my litanies answered, the assessor gave me a yes,
after listening to my testament, accepting everything I said.
Rules of engagement were then put into play,
file your claim, report with timely calls made,
display model behavior during the mandatory wait.
We did our best to play the game, didn't break any rules,
a pleasant community we found, friendships we built,
my son, happy in school, our dream, now being fulfilled.
A call came,
"Mam, for your process on becoming documented,
you and your child must present yourselves
to be fingerprinted."
Eagerly we went, hopeful that our process was nearly done,
but, what transpired next, left me reeling and stunned.
To my horror, we found ourselves once again detained,

at that center, nice as it was, where we felt chained.
I asked for explanations, but never received any information,
then suddenly, get ready for your immediate deportation.
Ready? How does one get ready to face such monstrosity?
How does one willingly return to a depraved, evil society?
I'm supposed to just cross my arms, and resign myself,
be idle, as darkness encloses, to my child say farewell,
as his light is extinguished by the grim reaper himself?
Forgive me my anger, my rage, my refusal to embark,
would you willingly return to a future, sinister and dark?
Like a mouse caught in the claws of a mischievous cat,
I feel we were played, never truly given a fighting chance.

Deportada

Mi vida desgarrada por la inmoralidad y la barbarie
forzó mi mano,
condenándome a abandonar mis profundidades.
Desgarrada y rota al abandonar mi hermosa patria,
sin embargo, anhelante de recibir
de este país sus generosidades.
Una detención era lo que menos podíamos imaginarnos,
y me aferré con fuerza a las raíces de la fe y a la esperanza
de obtener la justicia por la que esta nación se ufana.
Tres meses pasé por ese recinto, rogando por nuestra liberación.
Por fin, hubo respuesta a mis letanías, el asesor me dio un sí,
escuchó mi testimonio, aceptando cada una de mis palabras.
Se pusieron entonces en juego reglas de compromiso,
presentar su demanda, informar con puntuales llamadas,
mostrar un modelo de comportamiento
durante la espera prolongada.
Hicimos nuestro mejor esfuerzo
para seguir las reglas de este juego
por una comunidad que nos recibió con los brazos abiertos.
Mi hijo, feliz en la escuela,
nuestro sueño, ahora se estaba cumpliendo.
Por fin, la anhelada llamada llega:

"Señora, por su proceso de ser documentada,
usted y su hijo deben presentarse
para tomar sus huellas dactilares".
Con ansiedad fuimos, con la firmeza de haber cumplido,
pero, lo que pasó después, me dejó pasmada y aturdida.
Para mi horror, nos encontramos nuevamente detenidos,
en ese centro, una jaula de oro
donde encadenados nos sentimos.
Pedí explicaciones con preguntas que se perdieron en el aire
y con respuestas que no existieron o se perdieron en la nada.
Entonces de repente, prepárate para tu deportación inmediata.
¿Listo? ¿Cómo se prepara para enfrentar tal monstruosidad?
¿Cómo se regresa voluntariamente
a una sociedad depravada y malvada?
Se supone que debo cruzar los brazos y resignarme,
perderme en la oscuridad del olvido y decir adiós a mi hijo.
¿Cómo el mismo que la procura debe apagar su luz?
Perdón por mi ira, mi rabia, mi negativa a embarcarme,
¿Volverías voluntariamente a un futuro siniestro y oscuro?
Como un ratón atrapado en las garras de un gato travieso,
al haber sido burlados
con una ilusión enterrada en lo profundo.

Walls

"Build a wall, strong and tall, to keep the others out, separated."
This the chant so many wail, yet, the walls we already created.
Brick by brick, carelessly laid,
the walls went up, still to this day.
Walls made of sins, six the Lord hates,
seven detestable to Him.
Walls built of arrogance, eyes of loftiness,
a little turning of the head,
you don't belong, you're not good enough,
this with action is said,
as people are slighted and rejected,
left broken and bleeding within.
Bigotry rearing its ugly head,
every chance it conceives, commands,
provoking injustice and disparity,
because of the color of ones' skin.
Walls formed of deceit,
abuses of the tongue, used against innocents,
causing many to lose their livelihood,
the lies leaving many impotent.
The sacrament of marriage made void for many,
by trickery and sham.
Walls cemented with bloodshed,

spilt by hands that murder the mass
of guiltless folks, destroying their self-worth,
with barbed verbal spew.
Walls erected by hearts of iniquity,
wicked plots they devise and move,
as they see fit, accruing great wealth,
never a thought to those in need,
closing their eyes to the destitute,
the helpless, dying alone in the street.
Walls established by those with feet quick
to carry out their mischief,
reveling in their evil intentions,
as they spread rumors, lies and gossip.
Families torn apart from the ruin
these spiteful actions bring about.
Walls founded by those giving false witness,
preying on the faint,
imprisoning many,
with their webs spun of vengeance and hate.
Walls shaped by those who sow all around us
seeds of discordance,
in our schools, our jobs, our politics,
even in our places of worship.
Our shout should be to tear them down,
replacing them with bonds,

Abrazos

of compassion, humility, trust and truth,
open heartedly with love,
loving our neighbor as we love ourselves,
all in the name of Him above.
In pursuit of God, in whom we trust,
reach out to those oppressed,
build a bridge, stand in the gap,
for your neighbor, as their advocate.

Abrazos

Muros

"Construyamos un muro, fuerte y alto,
para mantener a los demás fuera, separados."
Este es el canto de tantos,
sin embargo las paredes ya las creamos.
Ladrillo a ladrillo, descuidadamente puestos,
las paredes aumentan sin razón.
Paredes hechas de pecados, seis que el Señor odia,
siete abominables a su corazón.
Paredes construidas de arrogancia,
ojos de grandeza solo para volver la espalda,
"Ustedes no pertenecen, no son bastante buenos",
palabras unidas a la acción,
ya que la gente es despreciada y rechazada,
desbaratando su interior.
El fanatismo levanta su monstruosa cabeza,
cada oportunidad que concibe, ordena,
provocando injusticia y mayor desigualdad entre la gente,
solo por su color.
Paredes formadas de engaños, de insultos,
usados contra inocentes,
haciendo que muchos pierdan su sustento
y volviéndolos más impotentes.

El sacramento del matrimonio se ha anulado para muchos,
por engaño y farsa.
Paredes cementadas con derramamiento de sangre,
castigando a las masas,
a la gente sin culpa, destruyendo su autoestima
con un vómito de palabras.
Paredes erigidas por los corazones de la iniquidad,
tramas inicuas que inventan y mueven
como les parezca, acumulando riquezas,
sin compasión para los necesitados,
cerrando los ojos a los desvalidos e indefensos
que mueren solos en la oscuridad.
Paredes establecidas por la ambición
de los que solo buscan el beneficio personal,
revelando sus malas intenciones
mientras difunden rumores de sus bocas mentirosas.
Familias destrozadas de la ruina
que provocaron estas acciones rencorosas.
Paredes fundadas por los que dan testimonio falso,
que se aprovechan de los débiles,
y encarcelan a muchos, con sus redes de odio y de venganza.
Paredes formadas por aquellos que siembran
semillas de desesperanza,
en nuestras escuelas, trabajos, gobierno
y en nuestros lugares de culto.

Abrazos

Nuestro afán debe ser derribarlos
y reemplazar con lazos esos muros.
Lazos de compasión, de humildad,
de confianza, de verdad y de amor por la humanidad,
amando al prójimo como nos ha encomendado
nuestro Señor con profunda caridad.
En nuestra búsqueda de Dios, en quien confiamos,
tender la mano a los oprimidos,
y construir un puente, una amplia brecha
para recibir sin condiciones a nuestro vecino.

Blame

At the hands of beasts and brutes,
we endured heartache, anguish and misuse,
Yet somehow, when we are looked upon,
we stand as the accused.
The terrible acts committed against our being,
seem to bare no weight in the mind of many.
Not a thought is given to the wrongdoing.
To others, somehow, some way, we are to blame.
It must have been something we did or said,
to be dishonored, violated, humanly raped.
Did it really happen, or is it just alleged?
How else can this atrocity be explained?
Never mind that we were innocent bystanders,
never asking to be noticed, or to be perceived,
living our lives, but that doesn't seem to matter.
Rather than admit that monsters do exist,
and you were inept to shield and defend,
you ease your own ache
making us feel our pain is our blame.

Culpa

A manos de bestias y brutos,
hemos sufrido angustia, vejaciones y abusos.
Sin embargo, de alguna manera, cuando se nos cuestiona,
resultamos ser los acusados.
Los terribles actos cometidos contra nuestro ser,
son nuestra responsabilidad a su parecer.
No se considera la maldad del hecho,
sino que se vuelca contra nosotros la razón de lo sufrido.
Debe haber sido por algo que hicimos o dijimos,
para ser deshonrados, violados, humanamente ultrajados.
¿Realmente sucedió o fue un invento de la realidad?
¿De qué otra manera se puede explicar semejante atrocidad?
No importa que hayamos sido espectadores inocentes,
nunca tratando de ser notados,
sino de vivir como cualquier gente,
viviendo solo nuestras vidas, pero eso no parece importar.
En lugar de admitir que existen monstruos,
que nos quieren destruir,
te comportas como inepto para proteger y defender;
para salvar tu honor,
mientras nos haces sentir que somos los culpables
de nuestro propio dolor.

Abrazos

Emerged

Emergida

Chosen

Who and what defines my stance?
Is it destiny, choice, or chance?
Frail, weak, and powerless,
unable to stand singlehanded,
is who society tries to say I am.
My enemy, a thieving bandit,
in his hatred for me,
does his part to see,
that my essence is beaten,
bruised, stepped on,
mutilated, and pillaged,
my womanliness torn apart.
Abased, debased, left only with an image,
of the person I could have been,
if, like her, a gift I could have been given.
Chosen as the first ever to witness,
our sweet Lord's blessed resurrection,
though a woman, her name, Mary Magdalen.
But in her, in you, and in me,
God saw something deep within.
Devotedly, gave his life to free,
a strength that endures it all,
a heart ready to believe.

And come what may, no matter the pain,
He knew we would come to realize,
and without restraint receive, in Him alone,
we are made whole and complete.
This is where my stance begins and ends.
Chosen, to love, to give, destined by Him.

Elegida

¿Quién y qué define mi postura?
¿Es el destino, la elección o el azar?
Frágil, débil e impotente,
incapaz de aguantar una sola mano,
porque la sociedad intenta decir qué soy.
Mi enemigo, un bandido ladrón,
en su odio hacia mí,
hace lo que puede para ver,
que mi esencia ha sido golpeada,
moreteada, pisada,
mutilada y saqueada,
mi feminidad desgarrada.
Abatida, degradada, dejada sólo con una imagen
de la persona que pude haber sido,
si como ella, un regalo pudiera haber recibido.
Elegida como el primero en ser testigo,
de la bendita resurrección de nuestro dulce Señor,
como una mujer de nombre María Magdalena;
porque en ella, en ustedes y en mí,
Dios vio algo profundo en su interior.
Él amorosamente dio su vida
una fuerza que soporta todo,
un corazón listo para creer.

Y pase lo que pase, sin importar el dolor,
Él sabía que llegaríamos a darnos cuenta,
para recibirlo sin miramientos,
de que estamos hechos enteros y completos.
Aquí es donde mi lugar comienza y termina,
Elegida para amar, para dar, para entregarle mi vida.

Abrazos

Blessings upon blessings to these incredible women that overcame difficult challenges and obstacles, living to tell their stories!

But in all these things we overwhelmingly conquer through Him who loved us. (Romans 8:37)

☙☙☙☙☙☙☙

¡Benditas sean estas mujeres que han vivido para contar su historia!

Antes, en todas estas cosas hacemos más que vencer por medio de aquel que nos amó. (Romanos 8:37)

Acknowledgements

Overall, I thank God for his never-ending mercy and grace. I also thank and acknowledge all the strong, beautiful people in my life, but especially the women that shared their hearts and stories, as well as those that believe in me and continually support all my endeavors.

Agradecimientos

Ante todo, mi agradecimiento a Dios por su infinita misericordia y divina gracia. Agradezco también y reconozco a toda la gente fuerte y maravillosa de mi vida, especialmente a las mujeres que compartieron su corazón y sus historias, así como a los que creen en mí y me ofrecen su continuo apoyo para lograr mis propósitos.

www.ingramcontent.com/pod-product-compliance
Lightning Source LLC
Chambersburg PA
CBHW032139040426

42449CB00005B/320